AF267252

GEORGES LACHAUD

BONAPARTISTES BLANCS

ET

BONAPARTISTES ROUGES

PARIS

E. DENTU, LIBRAIRE-ÉDITEUR

PALAIS-ROYAL, 15-17-19, GALERIE D'ORLÉANS

1885

BONAPARTISTES BLANCS

ET

BONAPARTISTES ROUGES

DU MÊME AUTEUR

OUVRAGES POLITIQUES

Essai sur la Dictature. 1 vol. grand in-18..... 3 fr

L'Empire. 1 vol. grand in-18................. 3

Les Bonapartistes et la République........ 1

Nos Politiciens. Voyage au Pays des Blagueurs. 1 vol. grand in-18.......................... 3

Que vont devenir les Bonapartistes ?...... 1

Le Prince Napoléon et le Parti Bonapartiste................................. 1

Histoire d'un Manifeste...................... 1

Paris. — Imp. Balitout et Cⁱᵉ, 7, rue Baillif.

GEORGES LACHAUD

BONAPARTISTES BLANCS

ET

BONAPARTISTES ROUGES

PARIS

E. DENTU, LIBRAIRE-ÉDITEUR

PALAIS-ROYAL, 15-17-19, GALERIE D'ORLÉANS

1885

BONAPARTISTES BLANCS

ET

BONAPARTISTES ROUGES

QU'EST-CE QU'UN BONAPARTISTE ?

Si nous avions à donner une définition du bonapartiste nous dirions volontiers :

C'est un Français qui, repoussant également la République et la Monarchie, confie à un Bonaparte le soin de le défendre contre l'une et contre l'autre,

Nous ajouterions que le bonapartiste prétend avoir emprunté à la République et à la Monarchie tout ce qu'elles présentent d'avantageux, pour en former un système mixte de gouvernement qu'il nomme l'Empire.

Il serait oiseux ici de discuter si cette prétention est fondée. Les exposés de principes n'ont jamais converti personne. Les circonstances, les émotions et surtout les intérêts amènent seuls les adeptes.

Ce que nous cherchons à établir en ce moment, c'est la situation actuelle du parti bonapartiste. Nous voulons nous demander s'il a su garder son équilibre, fort instable du reste et difficile à maintenir, entre la République et la Monarchie ; s'il ne penche pas de quelque côté, de façon à inspirer de l'inquiétude ; si quelques-uns de ses chefs et de ses soldats ne se sont pas éparpillés à droite ou à gauche ; en un mot, s'il n'a point donné naissance à beaucoup de bonapartistes blancs et à quelques bonapartistes rouges, c'est-à-dire à des monarchistes éclectiques et à des républicains résignés qui soutiennent tout ce qu'ils avaient été créés pour combattre ?

—

POURQUOI EST-ON BONAPARTISTE?

Ce serait un beau sujet pour une de ces études psychologiques, qui sont si fort à la mode aujourd'hui, que de découvrir pourquoi l'on fait choix de tel ou tel parti politique.

Que de causes accessoires, que de raisons mesquines et secrètes ! Pourtant, même quand on a été fortuitement engagé dans un parti, l'on finit par s'attacher à quelques idées nettes, qui justifient votre résolution et la rendent définitive.

Beaucoup de jeunes hommes auxquels leur âge n'avait pas permis de participer aux splendeurs et aux prospérités de l'Empire, qui n'en avaient vu que les décombres, se sont attachés cependant aux doctrines du parti bonapartiste.

Ils y ont trouvé :

La reconnaissance du droit que possède le peuple de déterminer la forme du gouvernement, droit que conteste la Monarchie, mais qui apparaît comme une notion simple et juste.

L'hérédité du pouvoir dans une même famille, hérédité que repousse la République, mais qui présente des garanties de stabilité et favorise les relations extérieures d'une nation.

La sanction du peuple venant corriger ce que cette loi de l'hérédité peut présenter d'excessif, sanction que la Monarchie n'admet pas.

Le pouvoir absolu déféré à un empereur, et substitué aux caprices des Assemblées, caprices dont la République offre constamment le triste et périlleux exemple.

D'autre part, ces bonapartistes par raisonnement s'apercevaient que la République était emportée vers les folies révolutionnaires, tandis que la Monarchie semblait répugner aux réformes les plus urgentes. Ils blâmaient à la fois les républicains de s'acharner contre le clergé et les monarchistes d'attribuer à l'Eglise un rôle prépondérant.

En résumé, ils se ralliaient au parti bonapartiste parce que celui-ci :

Acceptait la souveraineté directe de la nation ;

Proclamait l'hérédité mitigée par la sanction du peuple ;

Substituait la souveraineté d'un seul au gouvernement parlementaire ;

Arrêtait l'emportement révolutionnaire tout en promettant des réformes ;

Protégeait l'Eglise, mais en la soumettant.

Ils méritaient donc pleinement la qualification de bonapartistes, puisqu'ils s'écartaient également de la République et de la Monarchie.

Notre parti a-t-il donné satisfaction aux néophytes qui, en se joignant à lui, concevaient de telles espérances?

On ne saurait lui faire un grief de n'avoir pas atteint le but; mais l'a-t-il du moins poursuivi sans défaillance?

———

BONAPARTISTES BLANCS

On a discuté avec acharnement la question de savoir si le parti bonapartiste était ou non conservateur?

Les uns l'ont nié, en rappelant les origines révolutionnaires de l'Empire, ses luttes contre les royalistes et contre l'Eglise, son attachement à la souveraineté populaire et au suffrage universel, qui semblent peu conformes aux doctrines conservatrices.

Les autres l'ont affirmé, en célébrant les victoires des bonapartistes sur la démagogie, en invoquant le principe de la succession au trône inauguré par Napoléon dans sa famille, en faisant valoir la protection accordée au culte par les deux souverains issus de la maison Bonaparte.

Dans cette discussion, les arguments invoqués des deux côtés se valent, car le parti bonapartiste n'est ni conservateur, ni révolutionnaire, puisqu'il existe justement pour amener une transaction entre ces idées extrêmes.

Le bonapartisme (c'est sa force) a donc deux aspects, et un bonapartiste est loin d'abandonner ses principes en se proclamant conservateur; pourvu cependant que sa façon de concevoir la défense des intérêts sociaux, se distingue par quelque endroit de celle des royalistes.

S'il se contente de reproduire le programme de ceux-ci, il se trouvera placé dans un sérieux embarras.

En effet, l'idée bonapartiste ne différerait, en ce cas, de l'idée légitimiste que par une substittion de personnes. On confierait à un Napoléon le soin d'accomplir ce que jusqu'ici on attendait d'un Bourbon.

Or, il est difficile de justifier ce changement.

Pourquoi, s'il s'agit uniquement de faire œuvre de conservation sociale, de se défendre contre des innovations qu'à tort ou à raison, l'on considère comme dangereuses, pourquoi écarter la maison de France?

Ne résume-t-elle pas toutes les traditions du passé? Ne donne-t-elle pas toute garantie aux plus déterminés conservateurs?

La famille Bonaparte restera toujours suspecte, au contraire, de pactiser avec les doctrines nouvelles. Quoi que puissent faire certains de ses partisans, elle a des origines, des tendances, des aspirations qui déconcertent ceux que la Monarchie légitime rassure.

D'autre part, on se demande à quoi bon instituer aujourd'hui une quatrième dynastie, si celle-ci doit accomplir la tâche dévolue à la troisième.

On n'inaugure une race nouvelle de souverains que si la race précédente est éteinte ou décrépite. Qui oserait dire qu'un tel événement se soit produit pour la maison de France?

Celui qui écrit ces lignes n'est pas suspect de partialité en faveur des princes d'Orléans, et pourtant il ne voit point quelles raisons de les exclure pourrait trouver un conservateur.

Si, dans cette famille nombreuse et prospère, l'intelligence, inégalement répartie, ne se manifeste pas toujours par ordre de primogéniture, les moins favorisés de ce côté dépassent encore le minimum qu'on est en droit d'exiger d'un prince héréditaire.

Soucieux de leurs intérêts privés, ces descendants d'Hugues Capet montrent des qualités de pères de famille qui doivent plaire à beaucoup de braves gens ; robustes et bien pourvus de rejetons, ils ne ressemblent en rien à des Mérovingiens, bons pour le cloître.

L'héritier actuel répond, mieux peut-être qu'aucun de ses ancêtres, à l'idée que les conservateurs doivent se faire de leur chef idéal.

Aussi, quiconque n'est que conservateur et borne ses vœux politiques à la défense des intérêts menacés, serait mal venu à réclamer autre chose ; et les bonapartistes, uniquement conservateurs, sont en grand péril de cesser d'être bonapartistes pour rester conservateurs, c'est-à-dire pour devenir royalistes.

On en citerait plusieurs qui n'ont pas échappé à ce danger et qui, conséquents avec eux-mêmes, n'ont pas vu la nécessité de créer une dynastie de nouvelle date, quand celle qui peut se réclamer de l'antique possession fait si bien leur affaire.

Ceux-là ne s'offenseront point d'être qualifiés de *blancs;* mais ils revendiqueront modérément le nom de *bonapartistes.*

———

LES N'IMPORTEQUISTES

D'autres bonapartistes plus politiques se sont préparés à tout événement et se sont fait du succès une règle de conduite :

— Nous serons avec celui qui réussira, disent-ils.

Il ne nous semble pas que jusqu'ici aucun légitimiste ait encore tenu ce langage; mais cela viendra peut-être. Quelqu'un de leur parti examinera sans doute alors le bien fondé d'une semblable indifférence.

Pour nous, nous nous bornons, sans juger le mérite de cette commode alternative, à considérer les motifs par lesquels on la justifie :

Pour les bonapartistes, dit-on, la République est l'ennemie ; quiconque nous en délivrera, aura droit à notre appui.

Oui ; cela est exact ; pour les bonapartistes, la République est l'ennemie, et nous aurons tout à l'heure occasion de parler de l'erreur d'autres bonapartistes qui acceptent la forme républicaine ; mais la monarchie est également l'ennemie, et se débarrasser de l'une au profit de l'autre, c'est se guérir de la fièvre chaude pour tomber dans la paralysie, du moins d'après la doctrine bonapartiste.

Alors intervient de la part des « n'importequistes » cet argument qui leur semble décisif :

— La République met le pays en péril ; sauvons le pays avant tout.

Certes, la bonne foi de ceux qui parlent ainsi est hors de doute ; mais ils ont le grand tort de tenir un langage qui a trop souvent servi à pallier les pires changements d'opinion : « J'étais libéral, je deviens réactionnaire...; c'est pour sauver le pays. J'étais monarchiste, je me fais démocrate... parce que j'aime la France. »

On a toujours le droit de se rallier à un nouveau parti, lorsque celui-ci n'est pas encore victorieux ;

la théorie des bonapartistes qui acceptent « n'importe qui » est donc parfaitement honorable. Seulement si, comme conservateurs, ils sont irréprochables, demeurent-ils corrects comme bonapartistes?

Non, car nous repoussons la monarchie comme aussi néfaste pour le pays que pour la République elle-même.

Lorsqu'on nous demande si nous préférons la monarchie à la République ou la République à la monarchie, nous devons répondre que cela nous est parfaitement égal.

Et de même qu'il nous semblerait oiseux de renverser la République au profit de la monarchie, nous trouverions inutile de renverser la monarchie, si elle existait, au profit de la République.

Nous ne saurions avoir de préférences dans nos antipathies.

L'UNION CONSERVATRICE

Du désir très légitime qu'éprouvaient certains députés bonapartistes d'être assurés de leur réélection est née l'union conservatrice de 1885, et cette union n'eut pas été critiquable si elle s'était bornée à la mise en pratique d'une pensée dont voici la formule triviale :

— Donne-moi les voix des électeurs que tu as, je te donnerai les voix des électeurs que j'ai.

Une telle union (ou, pour mieux dire, une telle alliance) peut se faire indifféremment avec tous les partis ; elle n'implique aucune communauté de principes, aucune concession réciproque. Elle est essentiellement provisoire et peut se contracter ici avec les républicains, là avec les socialistes, autre part avec les légitimistes. Elle n'engage à rien qu'à se faire mutuellement la courte échelle, quitte à se séparer au haut du mur.

L'union conservatrice, telle qu'elle a été pratiquée aux élections de 1885, n'a pas présenté partout ce caractère. Elle a fait surgir entre bonapartistes et monarchistes des programmes communs exposés sans réserve, même là où, le succès étant impossible, on se bornait à une simple manifestation.

Or, on ne conçoit guère une manifestation où les drapeaux sont soigneusement repliés.

Non seulement cette union conservatrice admettait souvent l'identité des programmes, mais elle acceptait plus ou moins ouvertement l'identité du but.

Combien, parmi ses adhérents, eussent osé déclarer qu'ils s'opposeraient de tous leurs efforts à l'avénement de la monarchie légitime?

Ajoutons qu'il n'y avait point parité entre les associés, puisque, tandis que d'un côté on ne répugnait pas à la monarchie, de l'autre, on était loin d'accepter l'éventualité de la restauration de l'Empire.

Quand certains bonapartistes disaient : « Unissons-nous contre la République au profit de celui qui aura le plus de chances de la renverser, » les royalistes répondaient : « Unissons-nous contre la République à notre profit, quitte à vous donner part à la curée, si vous nous aidez à mettre bas la bête. »

C'eût été conclure un marché de dupes ; d'autant

plus que, si l'on s'en rapporte aux résultats électoraux, celui qui aurait le plus de chances de renverser la République serait aujourd'hui l'héritier de la maison de Bourbon.

En effet, sans épiloguer sur les chiffres, on ne saurait contester que, dans la minorité conservatrice de la Chambre, les partisans avoués du comte de Paris forment la majorité et sont, par conséquent, les plus voisins du succès.

Il ne faut donc plus dire : « Celui qui AURA le plus de chances ! » Quelqu'un A le plus de chances ; qu'attendez-vous pour vous rallier à lui ?

—Bah ! répond-on philosophiquement ; le peuple choisira entre les royalistes et les bonapartistes. Fidèles à notre ancienne doctrine de l'appel au peuple, nous nous soumettrons à la volonté de la nation.

L'APPEL AU PEUPLE

L'appel au peuple est, en effet, la base de la doctrine bonapartiste ; mais il ne saurait constituer à lui seul toute cette doctrine. Dire qu'on s'en remettra au jugement du peuple ne suffit donc pas.

Est-il exact, du reste, que les monarchistes acceptent cette solution ?

Certains l'ont murmuré timidement avec des formules embarrassées, admettant plutôt la théorie que la pratique de la souveraineté populaire.

Même en notre temps de compromissions, ils n'ont pas osé abandonner le droit d'antique possession, qui est à la fois leur titre et la négation de la toute puissance nationale. Ils eussent cessé d'être des légitimistes pour devenir de simples candidats démocrates.

Les plus avisés disent :

Un contrat a été passé jadis entre la famille des Capétiens et le pays. Le pays a le pouvoir de remettre ce contrat en vigueur, et c'est pour cela que nous admettons l'appel au peuple. Mais comme, pour déchirer un pacte il faut le consentement des deux parties, et que la famille des Capétiens refuse obstinément le sien, le pays, qui peut remettre le contrat en vigueur, ne saurait le détruire. Le peuple est souverain ; seulement, lié par la volonté de ses ancêtres, il ne doit plus user légalement de cette souveraineté que pour ratifier les droits antérieurs des Bourbons.

Telle est la théorie de la « monarchie contractuelle ». C'est bien ainsi que les orléanistes devaient concevoir deux grandes idées.

Ils rapetissent à leur propre taille la souveraineté nationale et la légitimité.

Mais, en supposant même que les royalistes pussent condescendre à consulter sérieusement un jour la nation, le rôle des bonapartistes devrait-il se borner à attendre et à exécuter l'arrêt?

Nul ne saurait le prétendre.

En effet, on est bonapartiste non seulement pour se soumettre à la volonté populaire, mais pour essayer de guider cette volonté et de lui suggérer de sages résolutions.

Devant le pays, seul maître de ses destinées, les bonapartistes, s'ils veulent rester fidèles à leur titre, ont le devoir de lutter pour une idée et pour un nom.

L'idée s'appelle l'Empire ; c'est-à-dire la formule de gouvernement qui tient de la république et de la monarchie, tout en les excluant l'une et l'autre.

Le nom est celui de Napoléon.

Il ne suffit donc pas à ceux d'entre nous qui montrent un si parfait désintéressement au sujet de la solution qui interviendra, de répondre : « Le peuple décidera. »

Il faut, s'ils restent attachés au parti bonapartistes, qu'ils ajoutent : « Nous nous emploierons énergiquement pour persuader au peuple qu'il doit décider en faveur de l'Empire et de Napoléon. »

SI LE PEUPLE RESTAURAIT LA MONARCHIE?

Le peuple a volontairement établi la République, quoiqu'on ait vainement ergoté à cet égard.

Une proclamation directe, par voie de plébiscite, eut été sans doute plus formelle; elle n'eut pas été plus claire. Pendant dix ans, la France s'est engouée de la République; cela ressort avec évidence des suffrages accordés aux amis de cette forme de gouvernement.

Il est probable, pour ne pas dire certain, que, si l'on eut interrogé la nation par l'appel au peuple, la réponse directe eut concordé avec la réponse indirecte.

Qu'ont fait cependant les bonapartistes en face de cette adhésion implicite? Ce qu'ils auraient continué de faire malgré une proclamation solennelle de la République par voie de plébiscite.

Ils ont accentué leur opposition, et ils ont eu raison.

En effet, la soumission aux décisions du peuple n'en comporte pas l'approbation. On reconnaît la légalité du jugement, sans pour cela se laisser persuader de son bien fondé.

On conserve un droit imprescriptible, celui de démontrer au maître souverain qu'il s'est trompé.

Eh bien! c'est justement la conduite qu'auraient à tenir les bonapartistes en face de la monarchie restaurée par le peuple. Ils chercheraient à le désabuser.

Monarchie restaurée par le peuple! Cet accouplement de mots eut semblé insensé voilà à peine quelques mois, et pourtant il exprimera peut-être bientôt une réalité.

Les républicains ont dégoûté la France de la République; on le conçoit aisément, et les masses ne distinguent guère entre la forme et la pratique du gouvernement.

La stupide gestion financière, les sanglantes frivolités de la politique extérieure, la mesquine tyrannie de la bande opportuniste, les promesses irraisonnées des radicaux ont inspiré tant d'horreur au pays que, d'un bond, beaucoup de Français ont reculé jusqu'à la monarchie sans s'arrêter à l'Empire qui, nous l'avons dit, est une sorte de transaction entre les idées extrêmes.

Si ce mouvement de dégoût ne s'arrête pas, et surtout si les bonapartistes sont maladroits ou complices, la monarchie peut s'édifier demain, avec le consentement du peuple.

Quelle déception pour nos amis suivrait cette restauration qu'ils n'auraient pas empêchée !

Si quelques-uns d'entre eux sont maigrement récompensés de complaisances qui, nous en sommes certains, n'auront pas eu l'ambition pour mobile, la plupart s'apercevront qu'ils ont substitué à l'imbécillité débonnaire des gouvernants d'aujourd'hui la malveillance hautaine des gouvernants de demain. Et dès qu'on n'aura plus besoin d'eux, les Ratons du bonapartisme se repentiront d'avoir tiré les marrons du feu, d'autant plus qu'en se montrant moins impatients, il les auraient peut-être croqués eux-mêmes.

On n'aura pas besoin alors d'exciter nos amis pour les pousser contre cette monarchie qu'ils auront contribué à édifier.

Nous verrons des « n'importequistes » d'une autre sorte crier : « Tout, excepté le Roi ! » Et ils auront tort de nouveau, car un parti ne doit souhaiter une révolution que quand il en profite immédiatement.

Par cette bonne raison, qu'on a toujours plus de chance de succéder à un gouvernement vermoulu qu'à un gouvernement tout neuf.

Mais la monarchie n'est pas encore restaurée; et jusqu'ici l'Union conservatrice n'a encore amené qu'un résultat fâcheux : l'incontestable supériorité numérique à la Chambre des royalistes sur les bonapartistes.

C'est déjà un triste fruit de tant de sacrifices ; mais, bien que le coup porté à la cause bonapartiste soit un des plus rudes qu'elle ait reçu depuis 1870, nous pouvons nous consoler en pensant que, du moins, les sièges gagnés par les royalistes ne l'ont été que sur des républicains.

Que nos amis, en combattant les hommes au pouvoir, contractent des alliances avec la droite monarchique comme ils pourraient en former avec l'extrême gauche, suivant les convenances du moment, rien de mieux ; mais qu'ils se gardent de se confondre avec les royalistes !

Ce serait faire passer dans la réalité une détestable plaisanterie que nous entendions naguère sortir de la bouche d'un sceptique :

— Êtes-vous en bons termes avec les amis du prince Victor Napoléon? lui demandait-on.

— Non, répliquait-il, car je ne vais pas chez le comte de Paris.

Il est vrai qu'on eût pu lui riposter :

— Vous devez être également suspect aux amis du prince Napoléon, puisque vous ne connaissez pas M. Clémenceau.

———

BONAPARTISTES ROUGES

C'est en effet une des misères du parti bonapartiste que cette rage d'union avec ses adversaires qui l'a saisi tout à coup. Plus il s'est déchiré lui-même, plus il a éprouvé le besoin de se mêler soit aux royalistes, soit aux républicains.

Que dire de ces divisions entre bonapartistes, si bruyantes jadis où, dédaignant le sage conseil de Napoléon Iᵉʳ et ne se contentant pas de laver son linge en famille, on a cru devoir le faire sécher aux fenêtres?

Si l'on compilait les injures que les bonapartistes se sont adressées les uns aux autres, on s'imaginerait qu'on se trouve en face de gens bien méprisables.

Et pourtant, des deux côtés, il y avait bonne foi, dévouement, confiance absolue et naïve chez tous qu'ils étaient attachés aux vrai s principes. Parmi ceux qui cherchaient à se convaincre mutuellement à coups de canne, soit au cirque Fernando, soit à la salle Levis, on aurait trouvé force désintéressement, ardeur chevaleresque et héroïsme de fidélité.

Par bonheur le caractère aigu et brutal de ces conflits semble s'être apaisé. Cette accalmie tient peut-être à la grande distance qui existe maintenant entre les deux fractions du parti. Tandis que les bonapartistes plus particulièrement conservateurs ont scellé l'alliance avec les royalistes, les bonapartistes plus particulièrement démocrates sont allés ouvertement à la république sous la conduite du prince Napoléon.

Le prince Napoléon est le seul des Bonaparte qui soit intervenu personnellement dans la politique de ces derniers temps.

Son fils, le prince Victor Napoléon, a gardé une réserve complète, résistant même à la tentation de répondre à de brutales attaques.

Il serait donc inconvenant et téméraire de parler de ce jeune prince.

Nous ne pouvons exprimer qu'une conviction; c'est que celui qui est resté impassible en face des provocations et que rien n'a pu entraîner hors de la voie qu'il s'était tracée, saura garder intacte notre doctrine entre les ennemis de droite et les ennemis de gauche.

Quant au prince Napoléon, il a autorisé la discussion; il l'a même appelée en parlant avec une franchise absolue; et il est permis d'examiner la ligne de conduite qu'il suit, sans manquer au respect qu'imposent un si grand nom, une telle loyauté et une si merveilleuse intelligence.

———

LE PRINCE NAPOLÉON

Un républicain (et l'un des plus distingués) nous disait récemment :

— Je viens d'être présenté au prince Napoléon. Je plains le parti bonapartiste qui n'a su rien faire d'un tel homme.

Nous lui répondîmes :

— On ne fait pas ce qu'on veut du prince Napoléon.

C'est, en effet, un des caractères les plus distincts de cette personnalité si remarquable que d'accepter, avec une courtoisie pleine de séduction, tous les avis et de les traiter avec une suprême indifférence.

Concevant le bonapartisme comme une façon d'être de la République, professant une admiration passionnée pour son oncle, dont la République eut peu à se louer, et une grande déférence pour la République, qui révère médiocrement Napoléon I", le prince a été constamment préoccupé du soin de résoudre un problème délicat : transformer les bonapartistes en républicains et les républicains en amis des Bonaparte.

Jusqu'ici, le succès n'a point répondu à ces efforts ; on en a conclu que le prince était plutôt un penseur qu'un homme d'Etat. Nul, même parmi ceux qui l'ont le plus grossièrement insulté, n'a contesté la supériorité de son esprit. On a même, depuis quelque temps, adopté une tactique nouvelle ; on l'accable sous les compliments et l'on témoigne une profonde désolation de voir un tel homme se tromper si fort.

Et pourtant les événements vont peut-être donner un démenti à cette idée, généralement reçue, que le prince Napoléon est le moins applicable des grands esprits.

La conduite du prince, depuis quelques années, avait contribué à propager une telle opinion.

A l'époque de la mort du prince impérial, il semblait que le prince Napoléon pût choisir entre deux résolutions ;

Ou bien revendiquer hautement son titre d'héritier des Napoléons et faire en sorte de grouper autour de lui les bonapartistes qui avaient besoin d'un chef;

Ou bien rappeler qu'il était un républicain d'ancienne date et donner des gages sérieux aux partisans de la République.

Or, il ne prit nettement aucune de ces deux attitudes et mécontenta les bonapartistes, sans diminuer les défiances des républicains.

Le prince ne perdit, en effet, aucune occasion de témoigner aux hommes politiques du parti bonapartiste les répugnances qu'il éprouvait pour leurs doctrines et il manifesta, en toute circonstance, ses sentiments véritables, en face de gens qui, espérant trouver un chef contre le gouvernement, rencontrèrent parfois en lui (comme à propos des décrets d'expulsion) un allié de ce gouvernement.

Nul ne saurait décrire la stupéfaction des braves bonapartistes de province, qui venaient pour la première fois chez le prince Napoléon. D'ordinaire, ils conservaient certains préjugés contre l'homme qui avait combattu en Corse M. Rouher; ils avaient hésité avant d'aller présenter leurs hommages à un ancien dissident. Enfin, on leur avait fait comprendre qu'il fallait se rallier à celui que désignaient les constitutions impériales. On leur avait expliqué que M. Rouher lui-même conseillait aux fidèles de se rendre chez son ancien concurrent; on leur insinuait que désormais le prince Napoléon modifierait sa ligne de conduite, et ils étaient venus.

L'abord du prince commençait par les charmer. Son accueil à la fois souriant et digne, sa courtoisie empreinte d'une sorte de coquetterie, sa façon de mettre les gens à l'aise par la liberté qu'il donne à la discussion et de flatter leur amour-propre par le soin qu'il semble apporter à les convaincre, séduisaient sans tarder les nouveaux venus.

Mais, sous cette forme exquise, les intimes préférences du prince ne tardaient pas à se dévoiler; les impérialistes, habitués à maudire et à entendre maudire tout le jour (et même fort avant dans la nuit) les hommes, les actes, les doctrines de la République, écoutaient bouche béante la conversation de leur hôte auguste.

Ils apprenaient avec stupeur que les idées napoléoniennes se rapprochent sensiblement des doctrines républicaines, que la République, malgré ses erreurs et ses crimes, a souvent eu bon, et qu'il y existe chez les républicains beaucoup d'honnêtes gens et d'hommes de mérite.

Après avoir pris congé et entendu quelque mot d'adieu fort affable, le visiteur se retirait, emportant une impression charmante et un inexprimable trouble.

Il s'écriait, dès qu'on avait descendu l'escalier :

— Le prince est un vrai Napoléon ! Il en a les traits, les allures, l'éloquence. Quelle bienveillance ! Quel esprit ! Avez-vous remarqué ce qu'il a dit de moi, des miens, de mon fils, de mon père ? Mais je dois avoir mal compris le reste. N'a-t-il pas fait l'éloge de ceci, de cela, de celui-ci, de cet autre ? Nul de nos amis n'a jamais prononcé de telles paroles !

Et le brave bonapartiste, tout ébahi, gardait de l'entrevue un souvenir mitigé de plaisir et d'inquiétude.

Vis-à-vis des républicains, le prince n'excitait pas moins de préventions. Il lui eut fallu non seulement des déclarations, mais des actes, pour leur faire oublier qu'il avait été, sous le second empire, le conseiller parfois acerbe, mais toujours fidèle de Napoléon III. Or, en fait de déclarations, le prince rappelait dans un manifeste courageux qu'il « était le seul homme vivant dont le nom eût réuni 7.300.000 suffrages », et cela en qualité « d'héritier de Napoléon Ier et de Napoléon III ». Comme acte, le prince s'offrait vaillamment aux colères du gouvernement de la République et expiait en prison une opposition énergique.

Si bien que dans son souci de l'impartialité, le

prince perdait les sympathies des uns, sans dissiper les défiances des autres.

Aussi avait-on beau jeu pour lui refuser les qualités de l'homme politique.

Aujourd'hui, la situation s'est modifiée dans des conditions que nous devons examiner. Il n'est pas douteux qu'elle devient plus favorable pour le prince Napoléon.

—

LE PRINCE NAPOLÉON

PEUT-IL DEVENIR LE CHEF DU PARTI RÉPUBLICAIN?

Cela est aujourd'hui possible; cela peut être probable demain. Un tel événement, s'il se produisait, mettrait en lumière la perspicacité du prince. Que de fois ses familiers (nous ne disons pas ses conseillers ; ceux qui entourent le prince Napoléon ne sont d'ordinaire que des échos, renforçant le bruit de ses opinions), que de fois ses familiers ne l'ont-ils pas entendu témoigner une confiance extraordinaire dans le retour vers lui des républicains !

En vain exprimait-on des doutes ; en vain lui demandait-on de citer les noms des républicains qu'il avait recrutés, il ne se troublait pas et répondait : « Ils viendront. »

Tant que les idées républicaines poursuivaient leur marche victorieuse en avant, elles n'avaient pas besoin du concours d'un prince, dont le mérite ne pouvait faire oublier le nom.

Nom suspect, en effet, si la personne ne l'était pas.

Ce n'est point le prince lui-même qu'un républicain intelligent accuserait de vouloir s'emparer de la République dans le dessein de la mettre à mal.

Amoureux du pouvoir pour le pouvoir et non pour les hochets qui plairaient à une vanité vulgaire, dédaigneux des titres à effet et persuadé que son nom seul vaut toutes les qualifications souveraines, le prince ne saurait songer à ruiner la forme de gouvernement pour laquelle il marque tant de préférences, et à lui substituer la restauration d'une dynastie.

Qui le supposerait, alors surtout qu'il fonderait

cette dynastie au profit d'un fils, dont il est ouvertement séparé!

Mais, si pour l'élite du parti républicain, la bonne foi du prince, dans son désir de se placer à la tête de la République et de la réformer sans la détruire, est évidente, la masse des électeurs républicains conserve des préventions invétérées contre le nom de Napoléon et pense :

— Ce que deux Bonaparte ont su faire, un troisième le renouvellerait.

Il en serait autrement le jour où un retour offensif de la monarchie compromettrait l'existence de la République. On se souviendrait que ce nom suspect aux uns est populaire parmi les autres. Les hommes considérables du parti républicain, pleinement assurés de la loyauté du prince Napoléon, tiendraient à leurs soldats un langage pressant : « Si nous restons livrés à nos propres forces, nous périssons et nous abandonnons la France à la réaction la plus effrénée, appuyons-nous sur ce nom de Napoléon qui a longtemps signifié : guerre à l'ancien régime. Le représentant de cette race nous trompât-il, cela vaudrait mieux encore que le triomphe des Bourbons, héritiers de tant de siècles d'oppression. »

Ainsi parleraient les chefs alarmés et ils entraîneraient leurs troupes menacées dans leurs préférences et dans leurs intérêts.

Ce retour offensif de la monarchie commence à effrayer les républicains ; s'il s'accentue, il les épouvantera et ils saisiront le premier moyen de salut qui se présentera.

Ils savent bien du reste que le prince choisirait parmi eux ses auxiliaires. Ennemi déclaré des royalistes, éloigné de la plupart des bonapartistes qui l'ont abandonné ou qu'il a repoussés, le prince n'amènerait pas aux affaires un personnel complet d'hommes nouveaux. Il devrait se servir des principaux parmi les républicains. Grave considération quand on se rend compte de la place que tient l'ambition personnelle dans les résolutions politiques.

Donc, cette prévision du prince Napoléon qu'il pourrait rallier les républicains, prévision que, même autour de lui, beaucoup considéraient comme une utopie, pourrait bien se réaliser enfin.

Mais quel profit en retirerait le parti bonapartiste ?

Nous ne parlons pas de ces bonapartistes qui pactisent avec la Monarchie. Ceux-là trouveraient dans le nouveau chef du parti républicain un adversaire aussi énergique que dangereux.

D'autre part, les quelques bonapartistes qui considèrent leur doctrine comme une simple variété des idées républicaines, se réjouiraient sans doute ; mais le parti bonapartiste logique, ni blanc ni rouge, qui s'est uniquement constitué parce qu'il ne veut ni de la République ni de la Monarchie, que gagnerait-il à ce que le prince Napoléon fût élu président de la République?

Rien...

Notre parti ne posséderait pas davantage le pouvoir, car nos idées ne prévaudraient point.

Nous ne doutons pas que la République ne s'améliorât sous la direction d'un tel chef; nous sommes certains que le prince demanderait au peuple la ratification d'une puissance qu'une Assemblée ne saurait légitimement conférer; nous espérons que la main d'un Napoléon arrêterait l'effondrement de la pauvre France épuisée. Mais ce serait toujours la République : le *mot* et la *chose.*

LE MOT

Qu'importe ce mot de République ? a-t-on dit souvent. Si vous aviez une Constitution qui convînt au pays, à ses mœurs, à ses besoins, vous seriez fort mal venus à vous plaindre du nom qu'elle porterait.

C'est une erreur. Ou le nom de République ne désigne point ce qu'il est appelé à faire connaître, et il n'est qu'un mensonge ; ou il dit vrai et chez nous il a un sens précis.

République a pu signifier, dans sa forme latine de *res publica*, le gouvernement du peuple par le peuple ; mais nous avons, en français, traduit cette idée par le mot *démocratie*, c'est pour cela qu'un bonapartiste peut et doit être *démocrate*.

République, dans notre langue, veut dire *gouvernement des Assemblées*, par opposition à *Empire* ou *Monarchie* qui caractérisent le *gouvernement personnel*.

C'est seulement par une réminiscence de l'anti-quité qu'on a pu jadis frapper des pièces de monnaie portant à la fois l'inscription *République française* et le nom de *Napoléon empereur*.

Les habitudes de notre langage, actuel, qu'il faut respecter, ne permettraient pas une telle contradiction.

Un Bonapartiste démocrate, soucieux de maintenir la souveraineté du peuple, mais désireux de voir le pouvoir exercé par un chef d'Etat indépendant des Assemblées, doit donc répudier le mot de *République* pour revendiquer celui d'*Empire*.

LA CHOSE

Il le doit d'autant plus que ce mot rappelle une chose néfaste pour la France.

La République, c'est-à-dire le gouvernement par les Assemblées, ne s'est élevé en France que pour diviser et compromettre le pays. Elle a été l'abaissement des esprits et la ruine des intérêts matériels; elle a exercé le pouvoir avec hésitation à la fois et brutalité; enfin, depuis sa dernière apparition, elle a prodigué le sang et l'or des Français, avec une insouciance digne du plus imbécile des tyrans.

Quels sont ceux qui, avec des paroles d'indignation brûlante, ont dépeint ainsi l'œuvre de la République actuelle? Non seulement les bonapartistes et les monarchistes, mais avec eux les républicains eux-mêmes.

Jamais satire plus violente ne fut dirigée contre la République que par ceux de ses partisans qui s'intitulent indépendants ou intransigeants.

Et il faut reconnaître que là est la cause imprévue du succès des anti-républicains aux élections dernières.

On supposait que cette critique de la République par certains républicains déconcerterait les attaques des conservateurs, auxquels on enlevait ainsi leurs armes ; on imaginait que le peuple se tournerait vers ceux qui promettaient à la fois de maintenir la République et d'en corriger les défauts.

Le peuple a raisonné autrement. Il est allé jusqu'au bout dans les conséquence qu'il a tirées des aveux qu'on lui faisait ; il s'est dit :

— « Tant que les monarchistes et les bonapartistes seuls critiquaient la République, ils étaient suspects d'injustice ; mais puisque les républicains se mettent de la partie, il faut bien les en croire. »

Aussi le peuple a non seulement condamné les fautes de certains républicains, mais il a commencé à se dégoûter de la République ; car, nous l'avons déjà dit, il ne sait point séparer la forme d'un gouvernement de la conduite de ce gouvernement. De sorte que si un Empereur perd une bataille, le peuple s'en prend directement à l'Empire.

Et c'est le *nom* de cette *chose* déjà méprisée, demain honnie peut-être, le nom de *République*, que certains bonapartistes tiendraient à conserver pour en qualifier un gouvernement d'espèce différente !

Ils recherchent là une malencontreuse inno-
vation. S'ils aiment la *chose*, qu'ils aillent libre-
ment à elle en en prenant le *nom*; s'ils détestent la
chose, qu'ils n'essaient plus d'en relever le *nom*
qu'on a traîné dans la fange.

———

QUE FAIRE?

La monarchie menace; la République tombe en
pourriture.

Que faire entre ces deux périls?

Rétablir l'empire? Où en est non seulement le
moyen pratique, mais l'espérance prochaine?

Aider à restaurer la monarchie? Pour avoir,
demain, la tâche d'aider à la renverser.

Soutenir la République? Pour prendre une part

dans les responsabilités passées et dans les catas-
trophes futures?

La monarchie menace !

Il ne faudrait que quelques défections pour que
cette menace devînt un fait accompli.

Sans doute, à l'heure où sur ce trône, jadis semé
d'abeilles, apparaîtraient les fleurs de lis, beaucoup de bonapartistes, que le dégoût de la République égare aujourd'hui, se réveilleraient et es-
saieraient de résister.

Mais parmi ces républicains qui ont trempé dans
tous les agiotages, qui se sont enrichis de toutes
les turpitudes, combien sortiraient de leur diges-
tion pour retrouver la vigueur des anciens énne-
mis des rois?

Combien plutôt voudraient, par une soumission
opportune, assurer la perpétuité de leur prospérité
mal acquise?

La monarchie menace !

La République tombe en pourriture.

République conservatrice, usée avec M. Thiers.

République opportuniste, usée avec M. Gambetta.

République radicale, usée avec M. Clémenceau.

République communaliste, à user avec quelques
fanatiques ou quelques policiers.

Reste la République consulaire, dont le prince
Napoléon serait l'organisateur et le chef.

Nous venons d'en parler, et nous avons vu combien elle s'éloignerait du but que poursuivent les bonapartistes.

Mais, dût-elle triompher demain, elle ne représenterait qu'un expédient passager et n'empêcherait pas le régime républicain de tomber un jour en lambeaux.

Entre cette monarchie menaçante et cette république pourrie, le rôle du parti bonapartiste n'est pas difficile à tracer.

Puisqu'en ce moment d'autres que nous profiteraient de la chute de la République, nous n'avons pas intérêt à favoriser l'avénement des royalistes.

Livrés à leurs seules forces, ils perdront beaucoup de leurs chances, et s'ils tardent à justifier les espérances de leurs partisans, le vide se fera peu à peu autour d'eux.

« Rien ne réussit mieux que le succès, » disent les Anglais, et cela est encore plus vrai en France que par delà la Manche. Les trois quarts des Français auraient suivi les royalistes le lendemain de leur succès électoral du mois d'octobre, si ceux-ci avaient osé.

Dans peu de temps, quand on verra qu'ils n'ont rien obtenu, leur clientèle se découragera et s'éloignera.

C'est alors que le parti bonapartiste pourra redevenir le grand meneur de l'opposition démocratique et autoritaire, groupant les conservateurs qu'il rassurera et les progressistes qu'il n'effraiera pas.

Mais à une condition, c'est qu'il se dégage bientôt des liens passagers qui l'ont attaché aux royalistes, qu'il reprenne sa personnalité distincte, qu'il sâche dire : « J'existe », s'il veut que l'on compte avec lui et sur lui.

Rappelons-nous les exemples du passé :

C'est rarement par des compromissions que les grandes idées patriotiques ou politiques se sont perpétuées et ont fini par triompher.

Il faut que les partis tiennent haut leur drapeau, s'ils veulent que dans les heures d'angoisse le peuple l'aperçoive de loin et s'y rallie.

Les bruyantes revendications des patriotes italiens n'ont pas nui à l'unité italienne ; les protestations incessantes contre le second empire ont servi au rétablissement de la République ; la cause de l'Irlande ne perd rien aux agitations des home-rulers.

Qu'en méditant ces leçons, les bonapartistes s'obstinent !

On a prêté à un conservateur très en vue le propos suivant :

A la demande : « Combien y a-t-il de bonapartistes purs dans la nouvelle Chambre ? » il aurait répondu : « Pas un seul ! »

On ne saurait mieux dire, si les députés que l'on considérait jusqu'ici comme bonapartistes et qui ont été élus, sinon sous ce titre, tout au moins par des électeurs qui se targuaient de porter eux-mêmes cette qualification, acceptent tous une solution antirépublicaine, quelle qu'elle soit.

Nous ne saurions croire cependant à un abandon si universel.

A la Chambre et hors de la Chambre il reste des bonapartistes purs, c'est-à-dire simplement des bonapartistes. Et tout au moins il en existe parmi les Napoléons; car il semble difficile qu'un prince de la famille Bonaparte accepte une monarchie qui ne serait pas l'Empire.

Mais par bonheur le nombre des bonapartistes purs n'est pas si restreint, et l'on en trouverait encore beaucoup en regardant bien.

Par exemple, leur situation n'est pas dépourvue de déboires.

Un d'entre eux, du temps où le prince Napoléon groupait encore autour de lui la grande majorité du parti, était parfois vertement blâmé. Cet imprudent avait la mauvaise habitude de parler de l'Empire et de dire hautement qu'il en désirait le rétablissement. On le qualifiait, dans l'entourage du prince, d'enfant terrible, et, en effet, la consigne était de ne point prononcer ce mot brutal d'Empire.

Une fois même, comme, dans une réunion publique tenue par les « napoléoniens », ce maladroit avait cru devoir riposter vertement à un anarchiste qui déclarait que les « Napoléons étaient la honte de la France », on accusa le pauvre orateur d'avoir « fait avorter la réunion ».

Aussi ceux des bonapartistes qui, à cette époque, battaient déjà la politique du prince Napoléon avaient beau jeu pour railler des impérialistes qui n'osaient point parler de l'Empire, des napoléoniens qui ne croyaient pas devoir défendre Napoléon.

Aujourd'hui, quelques-uns parmi ces mêmes bonapartistes ne craignent-ils pas de tomber dans le travers qu'ils signalaient si justement? Nomment-ils plus souvent l'Empire que ne faisaient naguère ceux auxquels ils reprochaient leur silence?

Les uns se taisent pour ne pas déplaire aux républicains; les autres se taisent pour ne point effaroucher les monarchistes. C'est charitable de ménager ses adversaires; mais on ferait peut-être bien de songer un peu à plaire à ses amis!

Tous les partis, aujourd'hui, aiment cet amoindrissement des doctrines, et ils n'ont pas assez de colère contre les fâcheux qui, au lieu de chercher le triomphe des hommes, s'occupent du triomphe des idées.

L'opportunisme s'est faufilé partout. Qu'on soit possibiliste en Espagne, modéré à Rome, n'importequiste parmi les conservateurs, français, ou concentrateur chez nos républicains, on exècre les *intransigeants* qui, partout, pourraient s'appeler cependant les *logiques*.

Oui, il est de mode de flétrir toutes les intransigeances ; de même qu'au dix-septième siècle les quiétistes étaient voués à la damnation pour croire trop fermement à la bonté de Dieu, il n'est pas de pire hérésie, ux yeux de certains catholiques, que celle d'aimer trop ardemment la papauté, et aux yeux de certains bonapartistes que le dessein de servir exclusivement les Bonaparte.

Pour notre part, nous croyons que l'honnêteté et en même temps l'habileté résident dans l'affirmation incessante des principes, sans atermoiement, sans concession.

En ce moment, la lutte chez nous semble circonscrite entre les royalistes et les républicains ; les bonapartistes blancs vont aux uns, tandis que les bonapartistes rouges se rallient aux autres. Ne devenons ni blancs ni rouges.

Mais cette situation se modifiera. L'idée bonapartiste répond à une nécessité politique ; elle procède de l'inquiétude qu'inspire la Monarchie, du dégoût qu'excite la République. Cette idée ne périra pas ; gardons-nous donc de rendre confuse notre grande doctrine.

Le pays a souffert de la douloureuse expérience de la République ; il peut être appelé à faire l'es-

sai rapide de la Monarchie; mais si les bonapartistes gardent intact le dépôt de leurs traditions,
il reviendra à ce régime impérial, que Napoléon III
appelait si justement la monarchie moderne, que
Napoléon Ier a conçu à la mesure de son propre
génie, et qui est l'incarnation la plus haute des
aspirations de notre France, conservatrice parfois,
démocratique toujours.

Paris, imp. de G. Balitout, 7, rue Baillif.